Soul of Roma

GUÍA DE LAS 30 MEJORES EXPERIENCIAS

ESCRITO POR CAROLINA VINCENTI
FOTOS DE SOFÌA BERNARDINI Y CLAIRE DE VIRIEU
ILUSTRACIONES DE CLARA MARI

EDITORIAL JONGLEZ

Guías de viaje

*"SOLO HAY UNA ROMA
EN EL MUNDO Y ME SIENTO
EN ELLA COMO PEZ EN EL AGUA..."*

GOETHE

Roma, indicaciones para el viaje.

Conocer Roma no es tan fácil: demasiados estratos, demasiada historia, demasiados monumentos. Roma, "ciudad eterna" por definición, no se somete fácilmente a las catalogaciones: historias, imágenes, relatos... son tantos, demasiados... Es por esta razón que hemos creado esta guía por eliminación, eligiendo esos fragmentos de alma que, según nosotros, han sobrevivido a la uniformidad de la globalización y al turismo de masas.

Además, ¿cómo mantener el secreto en un lugar que lleva siendo explorado siglos? De este modo, partiendo del principio de que ninguna ciudad ha tenido en la historia un papel tan central durante más de 2500 años, hemos examinado cuidadosamente el presente en busca de huellas interesantes que se han cristalizado en estos lugares.

Antaño, Roma era el lugar donde forjarse una educación, al exponerse a estas experiencias de vida y conocimiento que llamamos cultura. El peregrino buscaba el alma del lugar en lo sagrado y el laico en lo profano, pero ambos se extasiaban ante las piedras, las iglesias y los palacios.

Pero el alma de Roma, ayer y hoy, está realmente en sus contradicciones. Ciudad popular y patricia, siempre exuberante y generosa. Como la columnata de San Pedro que acoge a los niños en su abrazo, como los meandros del Tíber que encierran las cúpulas del centro histórico o como las callejuelas sinuosas que preceden el óvalo de la piazza Navona, su salón barroco.

Ciudad "mágica y venenosa", como la describe el poeta Valerio Magrelli, se sigue mostrando a nosotros con todo su esplendor y decadencia.

Lugar de ocio por excelencia, ocio de hecho elogiado por los ancianos, hemos intentado contar las experiencias que se pueden vivir en sus calles y callejuelas, para pasear a la romana dejándose cegar por el sol desde las terrazas o abandonándose a los placeres de sus cafés donde los romanos leen el periódico con la indiferencia de los que han atravesado tantos siglos y saben que todo pasa.

Los romanos tienen todas las cocinas del mundo a su alcance, pero prefieren dejarse seducir por las alegrías de la carbonara en una callejuela oscura o por una grattachecca (trocitos de hielo que se sacan de un bloque de hielo y a los que se les añade pedazos de fruta fresca) como se servía hace 100 años en un quiosco a orillas del Tíber.

Nos gusta creer que los lugares que mostramos en nuestra guía pueden tocar la fibra sensible del viajero y permitirle recoger fragmentos de la auténtica vida romana, pequeñas islas en las que tocar el alma antigua y futura de la ciudad.

Carolina Vincenti

Carolina Vincenti

EN ESTA GUÍA
NO VAS A ENCONTRAR

- Cómo llegar al Coliseo
- Las paradas de los autobuses turísticos
- Las *trattorias* turísticas cerca de la Fontana de Trevi

EN ESTA GUÍA
VAS A ENCONTRAR

- Una carbonara afrodisíaca
- Dónde tomar una copa de vino en la calle, entre romanos
- Dónde dormir en la cama de una cardenal
- Hierbas aromáticas raras de la campiña romana
- El barbero de Caravaggio
- Los museos del Vaticano sin público
- La calzada más antigua del mundo para recorrer en bici
- Un *speakeasy* clandestino
- Los calcetines de la curia romana

LOS SÍMBOLOS DE
"SOUL OF ROMA"

Menos
de 10 €

De
10 a 40 €

Más
de 40 €

Se atiende por orden
de llegada

Se recomienda
reservar

100%
Romano

Los horarios de apertura suelen variar
con frecuencia, consúltalos
en la web del lugar

UNA TIENDA DE
ANTICUARIOS AFICIONADOS

A unos pasos de la Piazza del Popolo, es muy placentero pasear por el mercadillo del Borghetto Flaminio (también llamado Rigattieri per Hobby – *rigattiere* significa anticuario): es aquí donde las burguesas de la capital que han hecho limpieza de sus armarios durante la semana alquilan una mesa los domingos para vender lo que ya no se ponen.

Encontrarás un montón de ropa vintage, a veces de marcas lujosas (corbatas y bolsos o incluso mantelería, ropa de cama o gemelos de camisas) en un ambiente un tanto de aficionado particularmente acogedor.

Ambos propietarios, Paolo Tinarelli y Enrico Quinto, han reunido a lo largo de los años una de las colecciones más ricas de ropa italiana de finales de los años 1950, a la que devuelven la vida en las exposiciones itinerantes que organizan por todo el mundo.

El precioso museo etrusco de villa Giulia está a unos minutos a pie.

 RIGATTIERI PER HOBBY
PIAZZA DELLA MARINA 32

+39 06 5880 517   mercatidiroma.com/mercati-delle-pulci-e-vintage/111-borghetto-flaminio   Entrada: 1,60 €

EL BARBERO
DE CARAVAGGIO

En Roma, hay tantos barberos como en una ópera de Rossini, pero algunos son más especiales que otros.

Os presentamos dos.

> SALA DA BARBA GENCO:
Se cuenta que Caravaggio, que vivía cerca de aquí, se peleó con un joven peluquero a los pies de la Torre della Scimmia. Este sitio sigue existiendo: la Sala da Barba Genco es ahora la barbería más antigua de la ciudad. Además de los cortes clásicos, Roberto, sobrino del fundador Silvano Rossi, propone su "Genco shave": 50 minutos de felicidad a base de agua de rosas, aceite de argán, crema de caléndula, etc.

📍 **SALA DA BARBA GENCO**
VIA DEI PORTOGHESI 17

+39 06 686 9881   gencosaladabarba.com

> GIUSEPPE CERRONI ACCONCIATORE :

Si hablas italiano, Giuseppe Cerroni ofrece un auténtico viaje en el tiempo, a los años dorados de Cinecittà. Tras empezar como aprendiz con el barbero de Dino de Laurentiis y con el peluquero de Silvana Mangano, peinó a la mayoría de los actores y directores de los años 1960: Ferreri, Comencini, Guttuso, Pasolini, Moravia (que no le dedicaba más de cuatro minutos a su barba con una Elsa Morante que le esperaba impaciente)... De aquellos años le quedan infinitas anécdotas y su inigualable experiencia.

Pequeña especialidad de Giuseppe: el masaje en la cabeza, que completa con el cuidado de las manos (hasta los antebrazos) y de los pies (hasta las rodillas).

GIUSEPPE CERRONI ACCONCIATORE
VIA GIAMBATTISTA VICO 44

+39 06 361 1465

UN GUARDARROPA ROMANO
A MEDIDA

Aunque uno suele pensar en Milán o en Nápoles cuando se trata de ropa italiana, Roma es un lugar excepcional para que te confeccionen ropa elegante 100 % italiana.

En Ripense, así como en APE Camiceria Artigianale o en Albertelli, todo se hace a medida y a la perfección, según los estándares de elegancia tradicional fuera de las modas pasajeras.

SARTORIA RIPENSE
VIA DI RIPETTA 38

+39 06 323 3727   info@sartoriaripense.com

- VALERIO MAGRELLI -
POETA

¿Roma sigue siendo poética?
Sí, a su pesar. A veces me abstraigo observando algunos edificios o algunas calles donde la estratificación milenaria de la ciudad se muestra con fuerza. Entonces me pregunto cómo puede ser que tantas personas diferentes hayan logrado crear tanta belleza sin coordinarse entre ellas. A veces en Roma el urbanismo parece haberse desarrollado solo, de manera coherente y necesaria, con la misma autonomía que un milagro botánico.

¿Dónde se sigue aferrando el alma de la ciudad?
No tiene sentido ceder a la nostalgia, aunque resulte evidentemente agradable llegar a una tienda de productos artesanos que ha sobrevivido a la avalancha de pubs irlandeses y de tiendas de todo a cien bengalíes. El problema histórico de Roma reside en su gestión y sin embargo a veces nos sorprende descubrir lugares o prácticas que se resisten a la brutal mercantilización que alcanza su paroxismo con el proyecto

de carrera de cuadrigas en el Circo Máximo.

¿Un lema poético?

"Mágica y venenosa", una definición de Roma sacada del cuaderno de viaje de Jean-Paul Sartre, me parece que resume perfectamente el sentimiento de ciudad milenaria tan sublime como odiosa. Pocos son los que han expresado con tanta exactitud la naturaleza oximorónica, contradictoria, irremediable, que opone el sublime vértigo de los lugares a una población doblegada por siglos de teocracia. Creo que nadie puede odiar más a los romanos que alguien que ha nacido en Roma.

¿Una lectura poética de la ciudad que no hay que perderse?

Italia tiene un grandioso poeta muy poco conocido a pesar de la admiración que le mostraron algunos de sus contemporáneos como Goethe o Stendhal: Giuseppe Gioachino Belli, cuyos sone-

tos siguen siendo una absoluta obra maestra del siglo XIX. Belli representa a un poeta del mundo, el único, quizás, capaz de fundirse de manera tan absoluta con la ciudad, amada y odiada, que le acogió. Un poeta material y metafísico que más se parece al inglés John Donne.

VILLA MEDICI
VIALE DELLA TRINITÀ DEI MONTI

Reservas únicamente por correo electrónico y con al menos 4 meses de antelación: standard@villamedici.it

Especificar que quieres una habitación histórica (también hay habitaciones clásicas, mucho más baratas y que también están en la villa)

DORMIR EN LA CAMA
DE UN CARDENAL

Es uno de los secretos mejor guardados de Roma: desde hace unos años, la sublime villa Médici ofrece a un público de iniciados el privilegio de dormir en cuatro suites históricas de la villa, que corresponden a los antiguos apartamentos de los Médici.

Aquí la palabra privilegio cobra todo su sentido: cuando, después de cenar, entras en la villa por la puertecita del portón central, ya tienes la sensación de vivir algo excepcional. Tras subir las amplias escaleras de mármol de la villa, en el silencio de la noche, llegas al célebre jardín que se abre ante ti...

Algunas de las cuatro habitaciones (¡de unos 70 m² cada una!) tienen frescos del siglo XVI de Jacopo Zucchi, techos artesonados de época y ofrecen, a escoger, unas vistas de los maravillosos jardines o a una panorámica de Roma de 180°. Una de las suites tiene hasta un piano de cola.

¡Importante! Las habitaciones no tienen el lujo ni el servicio de los grandes hoteles: el cuarto de baño es modesto (aunque tenga bañera) y no hay ascensor ni personal que te lleve las maletas, y tampoco ofrecen desayunos.

Pero vas a vivir una experiencia excepcional.

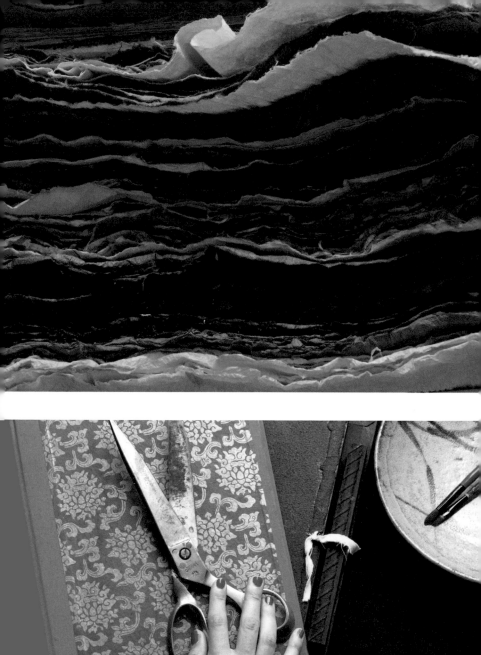

ENCARGAR
UNA LIBRETA
PERSONALIZADA

En una de las calles más bonitas de Roma, Federica ofrece la simpática posibilidad de crear libretas personalizadas a un precio muy razonable.

Eliges un tipo de papel entre cientos de papeles del mundo entero (reciclados, naturales, hechos a manos, etc.), así como su tapa, su posible lazo...

También puedes pedir que solo forren una agenda, un cuaderno, un libro o que te hagan un álbum de fotos.

 CARTONNAGE LEGATORIA ARTISTICA DI FEDERICA MENDAIA
VIA DELL'ORSO 42

+39 06 6830 1495

legatoriartistica.com
info@federicamendaia.it

DESCUBRIR
LA COCINA ROMANA
CONTEMPORÁNEA

Rettrobottega, con una decoración contemporánea muy lograda, ofrece una cocina de altos vuelos que se sustenta con un cuidado casi maniático en la irreprochable calidad de las materias primas. Los platos, que elaboran delante de los clientes, cambian cada semana.

La barra que separa la cocina abierta tiene dos grandes mesas con capacidad para diez comensales.

P.D.: Retrobottega también tiene un taller especializado en pastas, así como un bar de vinos de pequeños productores vinícolas, en el que se degustan principalmente ensaladas de hierbas silvestres que el personal cosecha una vez por semana en la campiña romana.

CRÉDITOS FOTOS: RETROBOTTEGA

📍 **RETROBOTTEGA**
VIA DELLA STELLETTA 4

retro-bottega.com

Taller de pastas: Retropasta
Via della Stelletta 4
+39 06 6813 6310

Bar de vinos: Enoteca Retrovino
Via d'Ascanio 26a

PASTA

EL MEJOR HELADO
DE ROMA

No te dejes engañar: en Roma, una larga fila de espera no siempre es sinónimo de calidad. Si quieres los mejores helados, sigue nuestro consejo: merengue de chocolate y sorbetes de frutas de San Crispino, tiramisú y chocolate de la Gelateria del Teatro, pistacho en Otaleg (Gelato al revés – helado –) y en la Gelateria dei Gracchi.

Si quieres sentarte fuera ve a Pica (deliciosos los de arroz con leche y los de fresas silvestres) y en el Palazzo del Freddo, detrás de la piazza Vittorio, por su decoración años 1930.

 **GELATERIA
DI SAN CRISPINO**

Via della Panetteria 42
Piazza della Maddalena 3
ilgelatodisancrispino.com

GELATERIA DEI GRACCHI

Viale Regina Margherita 212
Via dei Gracchi 272
Via di Ripetta 261
gelateriadeigracchi.it

GELATERIA DEL TEATRO

Via dei Coronari 66
gelateriadelteatro.it

OTALEG

Via di S. Cosimato 14a
otaleg.com

**PALAZZO DEL FREDDO
GIOVANNI FASSI**

Via Principe Eugenio 65
gelateriafassi.com

GELATERIA ALBERTO PICA

Via della Seggiola 12

ESCAPAR DE LA MULTITUD
A UN PALACIO EXCEPCIONAL

Cuando las multitudes en las plazas, calles, restaurantes e iglesias de Roma se tornan agobiantes, existe una opción para los estetas amantes de la tranquilidad y del silencio: el fantástico palacio Altemps, en pleno corazón de la ciudad.

Curiosamente, aunque el palacio y sus colecciones son verdaderamente excepcionales, suele estar casi siempre vacío.

Podrás pasear sin ocultar tu felicidad entre estatuas antiguas hasta llegar a la magnífica logia de la primera planta.

Tampoco te pierdas el increíble gran sarcófago Ludovisi (s. III d. C.).

PALAZZO ALTEMPS
PIAZZA DI SANT'APOLLINARE 46

museonazionaleromano.beniculturali.it

Entrada: 10 €

#09

EL MEJOR CAFÉ
DE TU VIDA

Vale, no es ningún secreto. ¿Pero te apetece tomar el mejor café de tu vida? Ve a Sant'Eustachio, muy cerca del Panteón.

Haz la cola si es necesario y mientras, observa el ir y venir de los camareros. Tal vez te des cuenta de que la máquina de café tiene un embellecedor tras el cual esconden sus manos: la técnica del Caffè Sant'Eustachio para preparar la especialidad del doppio *cremoso* (doble cremoso) es todo un secreto. Tranquilo, cremoso no significa que tenga leche o crema.

Es solo que el café es tan excepcional que parece casi una crema de café...

CAFFÈ SANT'EUSTACHIO
PIAZZA DI S. EUSTACHIO 82

+39 06 6880 2048   santeustachioilcaffe.it

EL CAFÉ EN ROMA:
INSTRUCCIONES

Cappuccino

CAPPUCCINO: mezcla de café y leche espumosa calentada al vapor. En Italia, se bebe en el desayuno o durante la mañana, pero nunca después de almorzar.

Caffè al vetro

CAFFÈ AL VETRO: café expreso servido en un vaso para saborear también su color.

Caffè ristretto

CAFFÈ RISTRETTO: expreso más concentrado, con menos agua.

Granita

GRANITA: receta siciliana
a base de café y de helado medio
granizado cubierto de nata montada.
Perfecto para el verano.

Macchiato

MACCHIATO: expreso
con una nube de espuma
de leche fría.

Corretto

CORRETTO: expreso
con algunas gotas de *grappa*
o de *sambuca*.

Caffè schiumato

CAFFÈ SCHIUMATO: expreso
con espuma
de leche caliente.

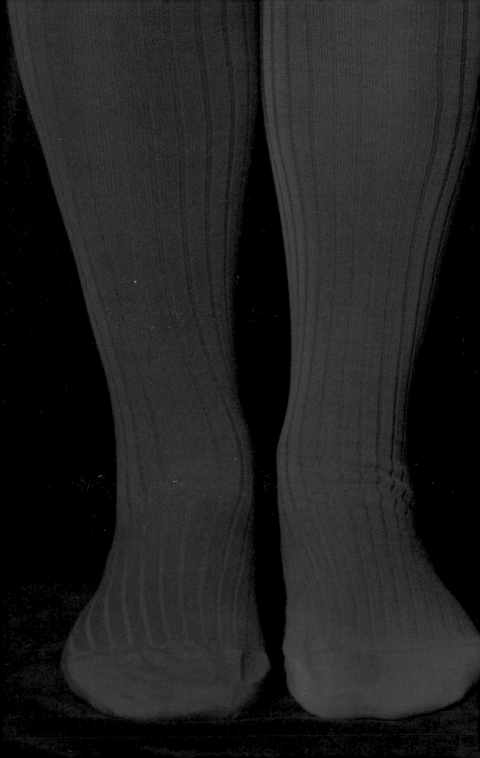

COMPRAR LOS
CALCETINES DEL PAPA

Fundada en los años 1790 en Roma, la casa Gammarelli es famosa en Roma desde 1798: desde hace seis generaciones, es Gammarelli en persona y nadie más quien viste al papa.

Además de las sotanas y otras vestimentas reservadas al clero, Gammarelli también vende unos excepcionales calcetines de colores de lo más llamativos. Aquí no hay donde elegir, te abren los cajones de los calcetines para que elijas un par púrpura o un par rojo intenso y ya, como el papa.

Para llevar de forma más o menos discreta en casa o para regalar a los amigos a quienes les gusten.

DITTA ANNIBALE GAMMARELLI
VIA DI SANTA CHIARA 34

+39 06 6880 1314   gammarelli.com

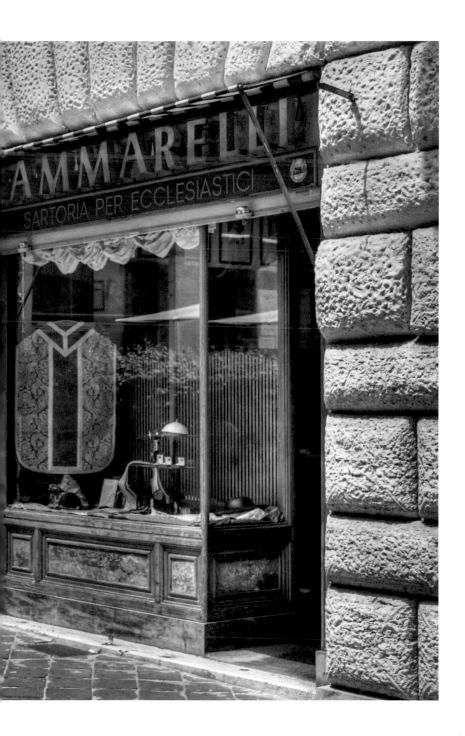

UNA AZOTEA
DE ENSUEÑO

Es mejor reservar si quieres encontrar sitio en esta preciosa azotea de Roma. En la quinta planta del palacio Doria Pamphilj, encima de la biblioteca del papa Inocencio X, las vistas a la piazza Navona, a la iglesia de Sant'Agnese in Agone del genial Borromini, a unos metros, y a los tejados de Roma en general, son realmente excepcionales.

Precios muy caros, a la altura del lugar.

CRÉDITOS FOTOS: TERRAZZA BORROMINI

TERRAZZA BORROMINI
VIA DI SANTA MARIA
DELL'ANIMA 30

+39 06 6821 5459
+39 391 311 4523

terrazzaborromini.com/contatti

PASEAR
POR LA CALLE
CON UNA COPA DE VINO
EN LA MANO

A dos pasos del palacio Farnesio, la magia del Goccetto de Sergio Ceccarelli (Sergetto, como lo llaman) es tomarte una copa de vino en la calle, como casi todo el mundo. De todos modos, no vas a encontrar sitio dentro.

Deja el plato de quesos y embutidos sobre el techo de algún coche aparcado y ponte a hablar con la gente que tengas al lado. La noche empieza bien.

📍 **IL GOCCETTO**
VIA DEI BANCHI VECCHI 143

+ 39 06 9944 8583

COMIDA CALLEJERA
A LA ROMANA
EN EL CAMPO DE' FIORI

En el hiper turístico Campo de' Fiori, no es fácil saber dónde almorzar sin terminar en un sitio para turistas.

En el lado suroeste de la plaza, tienes el Fiorno di Campo de' Fiori donde podrás probar la espectacular *pizza rossa* (pizza roja) que tiene de pizza el nombre (y la masa): una especie de sándwich con salsa de tomate, la *pizza rossa* se come de pie, imitando a los romanos que vienen, al igual que los turistas, a esta institución romana. Otra de las ventajas de la *pizza rossa* es que cuesta menos de 1,50 €.

Si tienes mucha hambre o no quieres variar los placeres, también tienes la *pizza bianca* (blanca) a base de queso fundido, que puedes rellenar, por ejemplo, con mortadela.

FORNO DI CAMPO DE' FIORI
PIAZZA CAMPO DE' FIORI 22

+39 06 6880 6662   fornocampodefiori.com

LA TENTACIÓN
DEL *MARITOZZO*

En Roma, no es la magdalena o la rosquilla lo que predomina, sino el *maritozzo*. En la Roma papal, este esponjoso brioche de orígenes ancestrales, al que a veces se le añade uvas pasas, se regalaba a menudo a las jóvenes novias como regalo de compromiso, de ahí su nombre de maritozzo.

Entre las tartas y los pasteles elaborados a la antigua, el *maritozzo*, cubierto de una gruesa capa de nata montada, es la especialidad que no te puedes perder.

Si eres amante de lo salado, ve a Il Maritozzo Rosso, que ofrece deliciosas mezclas en un rincón pintoresco del Trastevere.

REGOLI
VIA DELLO STATUTO 60

+39 06 487 2812   pasticceriaregoli.com

IL MARITOZZO ROSSO
VICOLO DEL CEDRO 26

€

+39 06 581 7363   ilmaritozzorosso.com

Otros *Maritozzi*
ROSCIOLI CAFFÈ PASTICCERIA
LARGO BENEDETTO CAIROLI 16

€

+39 06 8916 5330

rosciolicaffe.com

CENAR EN
UNA TIENDA *GOURMET*

A dos pasos del Campo dei Fiori, en un lugar con una decoración entre tienda *gourmet* y *trattoria* de lo más lograda, Roscioli es una parada obligatoria para explorar los sabores de la cocina romana.

Con ingredientes de altísima calidad, Roscioli logra a la perfección todos los platos tradicionales italianos y romanos, como la famosa carbonara y el no menos conocido *cacio e pepe* (queso y pimienta): pasta, *pecorino* (queso de oveja), una mezcla de pimientos exóticos, un toque de magia y ya.

CRÉDITOS FOTOS: MAURIZIO CAMAGNA

ROSCIOLI
VIA DEI GIUBBONARI 21

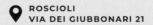

+39 06 687 5287   info@salumeriaroscioli.com

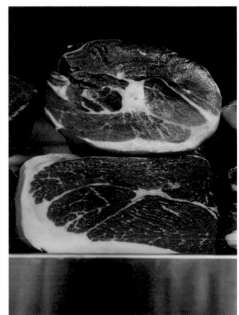

LA TRADICIÓN ROMANA
MÁS PURA

Una bienvenida muy agradable por parte de la familia Palladino (Tonino en el comedor y su hija Raffaella en los fogones), cocina tradicional de gran calidad a dos pasos del gueto: La Vecchia Roma es un valor seguro de Roma.

En temporada, es decir, muy a menudo, la tranquila terraza es idónea para degustar las innumerables especialidades excelentemente cocinadas, como los deliciosos *bucatini all'amatriciana*.

📍 **LA VECCHIA ROMA**
VIA DELLA TRIBUNA DI CAMPITELLI 18

+39 06 686 4604   ristorantevecchiaroma.com

HACER LA COMPRA
EN LOS MEJORES PRODUCTORES LOCALES DE LA CAMPIÑA ROMANA

A dos pasos del Circo Máximo y del Foro Romano, hemos seguido el ejemplo de los romanos que conocen los buenos planes y nos hemos ido a hacer la compra en los puestos de este simpático y agradable mercado cubierto.

Todos los fines de semana, los productores de la campiña romana vienen a vender en un ambiente distendido hierbas olvidadas, espárragos silvestres, aceite de oliva extra virgen, achicoria romana, alcachofas de invierno o variedades antiguas de frutas.

En el patio al aire libre que está detrás, con vistas al centro histórico, también puedes degustar platos cocinados en un ambiente sencillo y popular.

MERCATO DI CAMPAGNA AMICA
VIA SAN TEODORO 74

+39 06 489 931

CANCIONES ITALIANAS
EN UN PARQUE CON VISTAS A ROMA

En la colina Aventino, que ofrece unas espectaculares vistas de la ciudad, el Jardín de los Naranjos (Giardino degli Aranci) es un lugar de gran belleza situado en medio de pinos.

Cuando hace buen tiempo, es decir, a menudo, cantantes y músicos vienen asiduamente a animar la puesta de sol con antiguas melodías italianas para deleite de las personas allí presentes.

📍 **GIARDINO DEGLI ARANCI**
PIAZZA PIETRO D'ILLIRIA

Todos los días desde el amanecer hasta la puesta de sol.

HABLAR CON LOS ÁNGELES
EN LA IGLESIA DEI SANTI QUATTRO CORONATI

Alejada de los circuitos turísticos, la iglesia fortificada de los Santi Quattro Coronati, en el Celio, es una de las más encantadoras de Roma. Visita la iglesia un poco antes del cierre para poder quedarte luego y asistir a las vísperas de las monjas que viven en clausura en el convento adyacente. En una atmósfera impregnada de un profundo recogimiento, las voces de las religiosas se elevan hacia las bóvedas de la iglesia infundiendo una verdadera paz. Aprovecha también ese momento para admirar el magnífico suelo construido en el siglo XI, durante las obras de reconstrucción del edificio, con mármoles de los Foros Romanos. Antes de que empiecen las vísperas, ve a admirar, en el monasterio, los espléndidos frescos murales de la capilla de San Silvestre. El magnífico claustro da a las celdas de las hermanas.

MONASTERO DEI SANTI QUATTRO CORONATI
VIA DEI SANTI QUATTRO 20

+39 06 7047 5427   monachess4@gmail.com

Capilla de San Silvestre: se accede desde el segundo patio a la derecha. Llama al timbre de la antecámara del convento

RECORRER LA CALZADA
MÁS ANTIGUA DE MUNDO EN BICI

A 20 minutos en coche del centro de la ciudad está el Caffè Appia Antica, en la esquina con la via Cecilia Metella, donde puedes alquilar una bici o un caballo para recorrer un trozo de la impresionante Via Appia, la calzada más antigua del mundo.

Pasearás por la campiña romana sobre adoquines milenarias de piedra volcánica, en medio de villas y lápidas en ruinas que siguen descansando entre pinos y cipreses.

Es mejor ir un domingo, que es cuando cierran la circulación a los automóviles.

 APPIA ANTICA CAFFÈ BICI E CAVALLI
VIA APPIA ANTICA 175

+39 06 898 7957 (fijo) o +39 338 346 5440 (móvil)
info@appiaanticacaffe.it
appiaanticacaffe.it

Para reservar un caballo, llama a Roberto:
+39 348 446 4094

LA MEJOR PIZZA
DE ROMA

La Pizza Awards le ha nombrado el mejor *pizzaiolo* (pizzero) de Roma (y el 8° de Italia). Lejos de las clásicas pizzas margarita o cuatro quesos, Pier Daniele Seu es un especialista en proponer pizzas fuera de lo común. En Seu Illuminati nada es normal, sobre todo su pizza con su borde alto y alveolado que los napolitanos llaman *canotto*, muy distinto de la tradición romana que prefiere el borde fino.

En esta discreta callecita del Trastevere, podrás degustar la pizza *fior di cotto*: flores de calabaza, mozzarella de leche de vaca, stracciatella, jamón cocido con agua de mar y polvo de aceituna.

CRÉDITOS FOTOS: BEATRICE MENCATTINI

SEU PIZZA ILLUMINATI
VIA ANGELO BARGONI 10

+39 06 588 3384   seu-pizza-illuminati.business.site

"LA PIZZA ES AMOR"

Como dice Pier Daniele Seu: "La PIZZA par a mí es amor, color y poesía. AMOR porque es un sentimiento incondicional, y rima con dulzura, pasión, creación. Dedicar tu tiempo y energía para crear algo que emocione a cada bocado. COLOR porque mi visión de la pizza toma en cuenta la estética. Me dedico a inventar mezclas que siempre presentan un abanic o complejo de guarniciones. POESÍA porque juego c on la naturaleza y sus protagonistas. Los ingredientes tienen que ofrecer rimas distintas en cada pizza".

LA CARBONARA
PERFECTA

Eggs, que utiliza 20 000 huevos cada año para su pasta a la carbonara, es desde hace varios años el especialista de este legendario plato.

Huevos ecológicos de criadores con sistema de comercio justo y solidario, huevos de gallina, de oca, de avestruz o de esturión que se transforman en flan, crema, sabayón y, obviamente, en carbonara, servida en nueve versiones.

📍 **EGGS**
VIA NATALE DEL GRANDE 52

+39 06 581 7281   eggsroma.com

IN TRASPARENZA
Gelatina di Martini bianco
Tuorlo di quaglia
Perle di yuzu

SAN BAYLON
Zabaione salato
Tartufo nero

TONNATO
Tonno
Alici
Nocciole tostate
Rosso d'uovo sodo
Limone

CRACCATO
Crema di pecorino
Zucchine marinate con mentuccia
Bottarga di gallina

NON UOVO
Burrata
+
uova di salmone

IL GUALTIERO
Caviale
Erba cipollina
Patate

89

UNA GALLETA
QUE TE HACE VIAJAR
EN EL TIEMPO

En un rincón tranquilo del Trastevere, el Biscottificio Artigiano Innocenti es una deliciosa tienda de galletas tradicionales diseñada en torno a su increíble horno de los años 1950. Si quieres hacer un simpático viaje en el tiempo, abre la puerta de esta tienda que regenta Stefania, cuarta generación de la familia de los fundadores.

No dejes de probar una de sus galletas estrella: le *brutti ma buoni* (feas, pero buenas).

 BISCOTTIFICIO ARTIGIANO INNOCENTI
VIA DELLA LUCE 21

+39 06 580 3926

UN AMBIENTE
DE DOMINGO
EN EL CAMPO

En los magníficos jardines de la villa Doria Pamphilj, a 10 minutos en coche al sur del c entro de Roma, el V ivi Bistrot tuvo desde que abrió la maravillosa idea de ofrecer cestas de picnic listas para consumir: ven a buscarlas y camina o ve en bici por los inmensos jardines de la villa a sentarte sobre la hierba para almorzar en una atmósfera de domingo en el campo.

Si te quedas después, la terraza del jardín es magnífica. Por la noche, puedes cenar a la luz de las velas en los antiguos establos del parque.

CRÉDITOS FOTOS: SAGHAR SETAREH

VIVI BISTROT
VILLA DORIA PAMPHILI
VIA VITELLIA 102

+39 06 582 7540   vivibistrot.com/en/picnic-2

UN BAR EN
UNA PESCADERÍA

A unos diez minutos en coche del centro histórico, Meglio Fresco es una pescadería muy agradable que se transforma en un fantástico restaurante de pescado y marisco para el almuerzo y la cena.

Cuando bajan las persianas de la pescadería, Arturo y Mary, los dueños, colocan algunas mesas delante del mostrador de pescados frescos del día: puedes degustar con gran placer las especialidades como la sopa de brócoli y raya, los espaguetis con erizos de mar o el bogavante a la catalana, todo regado con excelentes vinos.

Un momento de felicidad auténtico.

📍 **MEGLIO FRESCO**

Roma Boccea	Roma Vigna Clara	
Via di Boccea 350a	Via Pompeo Neri 42	megliofresco.it
+39 06 663 5411	+39 06 3974 4119	

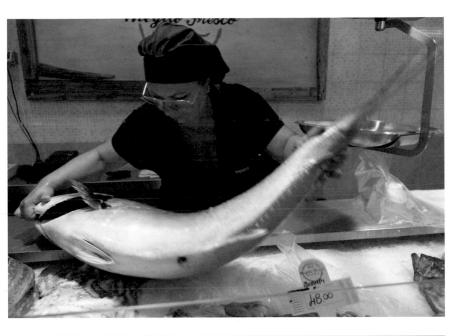

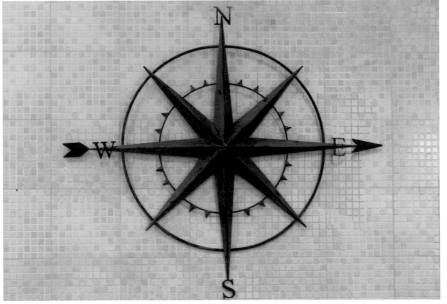

- FULVIO PIERANGELINI -

LA PERFECCIÓN DE FORMA SENCILLA

Tras haber ganado todas las estrellas y haber cautivado a toda la crítica, Fulvio Pierangelini, el mejor (sí, has leído bien, el mejor) chef de Italia cerró su restaurante para viajar por el mundo y dirigir las cocinas de los hoteles del grupo Rocco Forte. Actualmente, y con la misma reputación excepcional por parte de sus incondicionales seguidores, ha vuelto a Roma donde dirige las cocinas del Hotel de la Ville tras encargarse de las del Hotel de Russie.

Fulvio, tu cocina tiene un rico olor a jazmín y a naranja, pero, ¿a qué sabe Roma?

Roma nos enseña el arte de la seducción. Aprendes los sabores de sus mercados, de sus innumerables lechugas, de sus hierbas que permiten que elabores platos del día aparentemente sencillos, a veces conocidos, pero que se crean con el femenino instinto de confiar en tus sentidos.

Ante todo diría a la obsesión por la materia prima.

¿Qué significa para ti haber nacido en Roma y haber estudiado ciencias políticas?

Por un lado, soy romano, y por lo tanto hijo de múltiples y complejos estratos culturales, por el otro busco la perfección en la sencillez y la apertura hacia el resto del mundo. No viajé durante décadas, me daba miedo volar. Hoy no paro. Me quedo visceralmente atado a la pasta con tomate, a la *parmigiana* de parmesano, al *vitello tonnato*, pero también juego con las especias de Oriente Medio.

¿Tienes algún tabú culinario?

No me gusta la banalidad en la cocina contemporánea que debe "sorprender al burgués" en busca de una arrogancia superficial. Odio los términos como: "desestructurado", "revisitado", "*gourmet*". Busco mantener la sencillez y mantenerme enfocado en

"lo bueno", tanto cuando cocino en privado para los VIP del mundo como cuando comparto mis recetas en los lugares que dirijo.

¿Cómo te definirías?

Dinámico, lunático y riguroso.

MOSAICO
Via Sistina, 69
+39 06 9779 3710
Todos los días
para almorzar y para cenar
en la segunda planta del Hotel de la Ville
(entrada por el patio interior del hotel
o por el salón de banquetes)

DA SISTINA
Via Sistina, 69
+39 06 9779 3710
Todos los días

VISITAR EL VATICANO
SIN TURISTAS

Aunque los museos del Vaticano son impresionantes, recorrerlos como lo hace todo el mundo, ahogado en medio de miles de turistas, puede arruinarte la experiencia.

Si quieres visitarlo con la tranquilidad que la magia de este lugar reclama, solo tienes que confiar en un guía especializado que te hará entrar una hora antes de la apertura de las puertas en un grupo limitado a 6 u 8 personas (incluso solo, según tu presupuesto...).

Si quieres tener el privilegio aún mayor de descubrir partes que suelen estar cerradas al público, puedes reservar con el mismo guía tu visita del Gabinetto delle Maschere o de la Sala degli Animali. Esto es todo lo que podemos revelarte.

CONTACTOS

Carolina Vincenti: cvincenti@inwind.it
(italiano, inglés y francés)
Francesca Corsi: francescacorsi@yahoo.com
(italiano, español y portugués)

Paola Lauro: paolalauro@tiscali.it
(italiano, inglés y francés)

UNA TERRAZA
CON VISTAS

En Roma, las agradables terrazas alejadas de los coches, scooters y masas de turistas son curiosamente, pocas. La del Bibliobar, justo enfrente del castillo de Sant'Angelo, es perfecta: puedes degustar en la tranquilidad a orillas del Tíber un *panini a la porchetta*, un café, un batido o un cóctel mientras ojeas el periódico del día que tienes a tu disposición o uno de los numerosos libros que descansan en las estanterías del Bibliobar. Un instante de *dolce vita* que uno se deleita en alargar.

CRÉDITOS FOTOS: LAURA SBARBORI

 BIBLIOBAR
FEDERAZIONE ITALIANA INVITO ALLA LETTURA
LUNGOTEVERE CASTELLO

+39 340 941 9288   invitoallalettura.org/bibliobar-bouquinistes

UN BAR
DIVINO

A dos pasos del centro histórico, en un ambiente acogedor y agradable a imagen de su propietario, Arcangelo Dandini pone divinamente en valor las antiguas recetas de la Roma de los papas.

Aunque su cocina puede ser elaborada, el Arcangelo sigue siendo un lugar esencialmente romano en el que probar los imprescindibles de la capital, como el *cacio e pepe* (queso y pimienta), la carbonara o las deliciosas *polpette* (albóndigas italianas).

CRÉDITOS FOTOS: MARIO GIANNI

📍 **L'ARCANGELO**
   VIA GIUSEPPE GIOACHINO BELLI 59

+39 06 321 0992   larcangelo.com

CORRER ENTRE LOS
DIOSES DEL ESTADIO

Tras caminar horas en los museos del Vaticano, a veces nos entran ganas de hacer deporte de verdad. Si te apetece correr en un lugar de gran belleza, ve al magnífico Stadio dei Marmi (Estadio de los Mármoles) donde podrás alargar las zancadas mientras admiras las 64 estatuas dedicadas a los atletas que transforman un simple paseo en una experiencia coreográfica.

Proyectado en 1928 con el nombre de Foro Mussolini e inaugurado en 1932 para celebrar el espíritu de competición bajo el régimen mussoliniano, domina el profundo verde del Monte Mario, la imponente masa estilo años 1930 del Ministerio de Asuntos Exteriores, y, a lo lejos, las aguas del Tíber. *Mens sana in corpore sano*, con, como extra, una belleza que deja sin aliento.

Otros dos lugares para correr cerca del centro histórico: alrededor del Circo Máximo y a lo largo de la orilla baja del Tíber.

CRÉDITOS FOTOS: MARIO GIANNI

 VIALE DELLO STADIO DEI MARMI

+39 06 324 0334
+39 331 946 7228   marmi@fidallazio.it   Entrada gratuita

30

VISITAR UNA
DE LAS VILLAS
MÁS BELLAS DE ITALIA

Roma tiene tanta belleza de todo tipo que uno no piensa necesariamente en dejar la ciudad cuando pasa en ella varios días. Y, sin embargo, escapar del ajetreo y de las masas de turistas para descubrir sus alrededores es una auténtica felicidad. Sobre todo, si es para abrir las puertas de la fabulosa Villa Farnesio, en el pequeño pueblo de Caprarola, a una hora de Roma.

Construida en el Renacimiento para la familia romana Farnese, la villa (oficialmente Palacio Farnese de Carparola) es sin duda alguna una de las villas más bellas de Italia: la escalera monumental (la *Scala Regia*) y la Sala del Mapamundi (obra de Giovanni Antonio da Varese, llamado el Venosino), especialmente, son obras maestras indiscutibles que hacen que la visita de este lugar mágico sea una experiencia excepcional.

Otra ventaja: los turistas no suelen visitar la villa, ni sus increíbles jardines a la italiana, por lo que estarás prácticamente solo.

VILLA FARNESE
PIAZZA FARNESE 1
01032 CAPRAROLA VT

visitcaprarola.it/fr/luoghi-da-visitare/edifici-storici/palazzo-farnese

En la colección *Soul of,*
nunca os desvelamos el lugar 31 porque es demasiado
confidencial. Te toca a ti encontrarlo.

UNA COPA
CLANDESTINA

Considerado el inventor del cóctel en el siglo XIX, el americano Jerry Thomas ha dado su nombre al actual *speakeasy* en el Vicolo Cellini, a unos pasos de la Chiesa Nuova: te toca a ti encontrar en qué número.

No te olvides de buscar antes en la web la contraseña que hay que dar en la puerta para que te dejen entrar a saborear un cóctel en este precioso lugar decorado al estilo años 1920.

CRÉDITOS FOTOS: JERRY THOMAS

JERRY THOMAS
VICOLO CELLINI

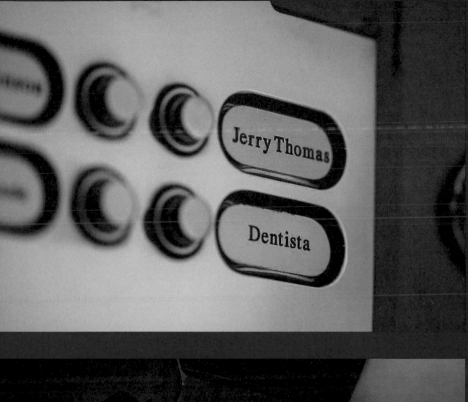

Gracias a Paolo Scotto di Castelbianco por haber compartido conmigo su profundo conocimiento de Roma.

Este libro ha visto la luz gracias a:
Carolina Vincenti, autora
Sofia Bernardini y Claire de Virieu, fotógrafas
Yasmine Awwad, foto de portada
Clara Mari, ilustradora
Emmanuelle Willard Toulemonde, maquetación
Anahí Fernández Lencina, corrección de estilo
Lourdes Pozo, revisión de estilo
Clémence Mathé, edición

Escríbenos a contact@soul-of-cities.com
Síguenos en Instagram @soul_of_guides

GRACIAS

© JONGLEZ 2022
Depósito legal: Abril 2022 - Edición: 01
ISBN: 978-2-36195-382-9
Impreso en Slovaquia por Polygraf